Answers: P1 — P7

Section 1 — Numbers

Page 1 — Calculating Tips

Q1 a) no (ans = 6)
b) "12 ÷ 4 × 0.5 ="
c) and d) "12 ÷ (4 × 0.5)"
OR "4 × 0.5 ="
then "12 ÷ Ans ="
OR "12 ÷ 4 ÷ 0.5"

Q2 "140 ÷ (7 + 13) ="
OR "7 + 13 ="
then "140 ÷ Ans ="

Q3 a) 3.8 b) 5.5
c) 18.9 d) 158.6
e) 150 f) -1
g) 9.9 h) 0.387 (3 dp)

Q4 Possible answers: -16, -4, 8, 13, 16, 19, 40.

Page 2 — Ordering Numbers

Q1 a) 9741 (nine thousand seven hundred and forty-one). 1479 (one thousand four hundred and seventy-nine).
b) 8843 (eight thousand eight hundred and forty-three) 3488 (three thousand four hundred and eighty-eight)
c) 9432 (nine thousand four hundred and thirty-two). 2349 (two thousand three hundred and forty-nine).
d) 85443 (eighty-five thousand four hundred and forty-three) 34458 (thirty-four thousand four hundred and fifty-eight)
e) 87321 (eighty-seven thousand three hundred and twenty-one). 12378 (twelve thousand three hundred and seventy-eight).
f) 97321 (ninety-seven thousand three hundred and twenty-one). 12379 (twelve thousand three hundred and seventy-nine).

Q2 a) 8 units (8)
b) 8 tens or eighty (80)
c) 8 tenths (0.8)
d) 8 hundredths (0.08)
e) 80 thousands or 8 ten-thousands (80 000)
f) 8 thousandths (0.008)
g) 8 hundreds (800)
h) 8 hundred thousands (800 000)
i) 8 thousands (8 000)

Q3 a) 1.3, 1.5, 1.54, 1.62, 1.71, 1.89, 1.98
b) 100.3, 100.4, 100.43, 101.6, 102.8, 102.89
c) -10, -3, -1, 0, 2, 4, 5
d) 7.09, 7.13, 7.18, 7.21, 7.36, 7.40, 7.41

Q4 a) 4.1 cm, 4.0 cm, 3.9 cm, 3.1 cm, 2.3 cm, 2 cm, 0.9 cm
b) 79.1 km, 78.7 km, 76.1 km, 75.2 km, 74.9 km, 74.3 km, 74.1 km
c) 0.220 m, 0.219 m, 0.102 m, 0.021 m, 0.02 m, 0.012 m, 0.009 m
d) 41.1 g, 41.06 g, 40.93 g, 40.81 g, 40.73 g, 40.7 g, 40.07 g

Page 3 — Addition and Subtraction

Q1 a) 1613 b) 5005
c) 78 d) 1038
e) 7271 f) 7279
g) 1890 h) 10 440

Q2 a) -5 b) -14
c) -9 d) 7
e) 13 f) -6
g) 0 h) 6

Q3 a) 158.3 b) 70.8
c) 256.41 d) 1210.146
e) 21.5 f) 204.03
g) 66.241 h) 0.831

Q4 a) 456.1159 b) 102.283
c) 714.5952 d) 0.00144
e) 3.59 f) 85.81

Page 4 — Multiplying Without a Calculator

Q1 a) 510 b) 3200
c) 1400 d) 160000
e) 760 f) 54.87

Q2 a) 2021 b) 15730
c) 245861 d) 245014
e) 79.81 f) 53.75
g) -10.22 h) -13.133
i) 5289 j) 25.9896

Q3 a) 20.097 b) 2009.7
c) 200.97 d) 2009.7
e) 200.97 f) 200.97
g) 200.97 h) 2.0097

Q4 a) 460 b) £12 270
c) £3830

Page 5 — Dividing Without a Calculator

(Q1) ...036
b) 248
c) 169 d) 12
e) 11 f) 23
g) 29 h) 816

Q3 a) 246 rem 1
b) 255 rem 2
c) 61 rem 5
d) 32 rem 7
e) 12 rem 3
f) 21 rem 20
g) 21 rem 2
h) 51 rem 10

Q4 12 cages
Q5 6 bags
Q6 122 days

Page 6 — Special Types of Number

Q1 a) Even
b) Odd
c) Square
d) Cube

Q2 4, 16, 36, 64

Q3 a) 16 b) 15
c) 64 d) 512

Q4 a) 25, 15, 21, 11, 27
b) 25, 16, 64
c) 20, 16, 64
d) 27, 64

Q5 a) 2, 4, 6, 8, 10, 12, 14, 16, 18, 20
b) 1, 3, 5, 7, 9, 11, 13, 15, 17, 19, 21, 23, 25, 27, 29
c) 1, 4, 9, 16, 25
d) 1, 8, 27, 64, 125, 216, 343, 512

Q6 a) 3
b) 7.437, 3, $\frac{1}{2}$
c) $\sqrt{2}$, $\sqrt{3}$, π
d) 7.437, 3, $\sqrt{2}$, $\frac{1}{2}$, π, $\sqrt{3}$

Page 7 — Multiples and Factors

Q1 a) 0 or 5.
b) Always a multiple of 3.
c) Last two digits form a 2 digit number that divides by 4.

Q2 Yes.

Q3 24

Section 1 — Numbers

Answers: P7 — P11

Q4 a) 6, 12, 18, 24, 30, 36, 42, 48, 54, 60, 66, 72
8, 16, 24, 32, 40, 48, 56, 64, 72, 80
b) 24, 48, 72
c) 24

Q5 a) 1, 2, 3, 4, 6, 12
1, 2, 3, 6, 9, 18
1, 2, 3, 4, 6, 8, 12, 24
1, 2, 3, 5, 6, 10, 15, 30
b) 1, 2, 3, 6
c) 6

Q6 a) 16
b) 15
c) 12

Q7 1, 2, 3, 4, 5, 6, 10, 12, 15, 20, 25, 30, 50, 60, 75, 100, 150, 300

Q8 200 seconds' time

Q9 12:07

Page 8 — Primes and Prime Factors

Q1 [hundred square with primes circled]

Q2 71, 83, 107 are prime.

Q3 No

Q4 $90 = 2 \times 3^2 \times 5$
$120 = 2^3 \times 3 \times 5$
$140 = 2^2 \times 5 \times 7$
$180 = 2^2 \times 3^2 \times 5$
$210 = 2 \times 3 \times 5 \times 7$
$864 = 2^5 \times 3^3$
$1000 = 2^3 \times 5^3$

Q5 $504 = 2^3 \times 3^2 \times 7$

Q6 $10 = 3 + 7$
$20 = 13 + 7$ or $17 + 3$
$30 = 23 + 7$ or $17 + 13$ or $11 + 19$

Q7 a) 7
b) 3^2
c) 47
d) $3 \times 5 \times 7$
e) $2^3 \times 3^4$
f) $2^2 \times 5 \times 11$
g) 5×3^4
h) $2^6 \times 3^4 \times 5$

Q8 35: 5, 7
784: 2, 4, 7, 8, 14, 16, 28, 49, 56, 98, 112, 196, 392
20: 2, 4, 5, 10

Page 9 — Fractions, Decimals and Percentages

Q1 a) 28% **b)** 57%
c) 87.5% **d)** 47.25%
e) 4% **f)** 4.5%

Q2 a) 0.35 **b)** 0.358
c) 0.7 **d)** 0.07
e) 0.007 **f)** 0.055

Q3 a) 87.5% **b)** 31.25%
c) 32.5% **d)** 85%
e) 56% **f)** 83.75%

Q4 a) 0.222 = 22.2%
b) 0.867 = 86.7%
c) 0.389 = 38.9%
d) 0.364 = 36.4%
e) 0.583 = 58.3%
f) 0.385 = 38.5%

Q5 a) $\frac{1}{8}$ **b)** $\frac{3}{8}$
c) $\frac{5}{8}$ **d)** $\frac{7}{8}$
e) $\frac{3}{40}$ **f)** $\frac{7}{40}$

Q6 a) English: 74%, History: 70%, Maths: 83.5%, Basket Weaving: 65%
b) Best result — Maths
Worst result — Basket Weaving

Q7 Jamila got 72%, Diana got 80%
So Diana got the higher mark.

Page 10 — Fractions

Q1 a) $\frac{4}{5} > \frac{3}{4}$ **b)** $\frac{2}{3} > \frac{5}{8}$
c) $\frac{2}{5} > \frac{1}{3}$ **d)** $\frac{7}{10} > \frac{13}{20}$

Q2 a) $\frac{2}{5}$ **b)** 1
c) $\frac{1}{2}$ **d)** 2
e) $2\frac{1}{5}$ or $\frac{11}{5}$ **f)** $3\frac{1}{3}$ or $\frac{10}{3}$
g) $5\frac{5}{6}$ or $\frac{35}{6}$ **h)** $10\frac{5}{12}$ or $\frac{125}{12}$

Q3 a) $\frac{3}{4}$ **b)** $\frac{2}{5}$
c) $\frac{1}{3}$ **d)** $\frac{3}{5}$
e) $1\frac{3}{8}$ or $\frac{11}{8}$ **f)** $1\frac{1}{2}$ or $\frac{3}{2}$
g) $2\frac{1}{4}$ or $\frac{9}{4}$ **h)** $1\frac{1}{5}$ or $\frac{6}{5}$

Q4 a) £16
b) 6 kg
c) 4000 people
d) 45 days
e) 60°
f) £2700

Q5 a) $\frac{9}{16}$
b) $\frac{1}{20}$
c) $3\frac{3}{8} = \frac{27}{8}$
d) $7\frac{11}{15} = \frac{116}{15}$

Q6 a) $1\frac{3}{5} = \frac{8}{5}$
b) $2\frac{4}{5} = \frac{14}{5}$
c) $1\frac{5}{9} = \frac{14}{9}$
d) 2

Q7 a) 360 hectares
b) $\frac{3}{5}$
c) 180 hectares

Pages 11-12 — Percentage Basics

Q1 a) 35p
b) 36p
c) £4.50
d) £4.80
e) 88p
f) 70p
g) £3.00
h) £300
i) £625

Q2 a) £512
b) £9.76
c) 148.5 square miles
d) 5980 people
e) 56 lizards
f) 405 cars

Q3 a) Out of 44500 voters in the town, 14240 voted for the Conservatives.
b) 630 out of 3500 cars stopped had defects.
c) 67.5 grams of the cake's weight of 450 grams is butter.
d) 247 of the 1300 rare birds found were diseased.

Section 1 — Numbers

Answers: P11 — P16

Q4 a) 22 children
b) 63 grams
c) 90 lorries
d) 204 insects
e) 42
f) 325
g) £2.25
h) £105
i) 361.8
j) 2410 grams

Q5 Yes, always true.

Q6 a) 30% of people in Darkley believe in ghosts.
b) 80% of people are against annoying ringtones on buses.
c) 12.5% of workers are off sick at present.
d) Only 15% of children thought there should be more homework.

Q7 5%
Q8 11.3%
Q9 80.8%
Q10 No (only 26%)
Q11 a) £1500
b) 10%
c) 83 1/3 % or 83.3% to 1 d.p.

Page 13 — Rounding Numbers

Q1 a) 4.7
b) 8.9
c) 6.8
d) 19.5
e) 11.8
f) 20.9

Q2 a) 4.76
b) 5.09
c) 17.09
d) 12.99
e) 14.99
f) 17.10

Q3 a) 4.869 kg
b) 1.009 kg
c) 1.010 kg
d) 2.071 kg
e) 3.061 kg
f) 0.004 kg

Q4 a) 12.8°
b) 12.9°
c) 27.0°
d) 25.0°
e) 57.8°
f) 57.9°

Q5 a) 5.8 km
b) 9.0 km
c) 8.5 km
d) 8.4 km
e) 17.7 km
f) 17.7 km

Q6 a) 6760
b) 6770
c) 6770
d) 2010
e) 2010
f) 2000

Q7 a) 0.35
b) 0.036
c) 0.0057
d) 4.0
e) 0.036
f) 1.0

Q8 a) Bigtown: 369000
b) Shortville: 102000
c) Middlethorpe: 191000
d) Littlewich: 130000
e) Megaborough: 480000
f) Port Average: 157000

Page 14 — Rounding Errors and Estimating

Q1 a) -0.2
b) -0.4
c) -0.21
d) 0.44
e) 112
f) -3012

Q2 a) $115 \leq x < 125$
b) $250 \leq x < 350$
c) $10.15 \leq x < 10.25$
d) $7.45 \leq x < 7.55$
e) $8750 \leq x < 8850$
f) $1005 \leq x < 1015$

Q3 a) i) 36   ii) 33.9
b) i) 20   ii) 20.7
c) i) 63   ii) 64.0
d) i) 6   ii) 6.48
e) i) 1   ii) 1.06
f) i) 50   ii) 47.7

Q4 a) i) 2   ii) 2.292
b) i) 0.2   ii) 0.214
c) i) 0.3   ii) 0.307
d) i) 1.2   ii) 1.625
e) i) 1.2   ii) 1.277
f) i) 2.4   ii) 2.294

Q5 a) 80 km/h
b) 79.6 km/h

Page 15 — Powers

Q1 a) 32   b) 27
c) 16   d) 256
e) 81   f) 125
g) 100 000   h) 1 000 000
i) 512   j) 216
k) 343   l) 1 000 000

Q2 a) $4^5 = 1024$
b) $2^8 = 256$
c) $3^9 = 19\,683$
d) $2^{11} = 2048$
e) $3^2 = 9$
f) $10^3 = 1000$
g) $5^2 = 25$
h) $7^1 = 7$
i) $4^3 = 64$

Q3 a) a^3 b) $2a^3$
c) $6x^3$ d) $20y^2$
e) xy f) xyz
g) x^3y h) x^2y^3
i) $5abc$ j) $12x^2y$
k) $8xy$ l) $10j^2k^2$

Q4 a) x^6 b) y^3
c) a^3 d) b^3
e) r^4 f) y^3

Q5 a) $60a^2$ b) $36x^3$
c) $20y^3$ d) $6a^5$
e) $24p^6$ f) $21m^2n$
g) x^4 h) y^{12}
i) x^{-6}

Q6 a) $2x$ b) $5a^3$
c) $3b$ d) $4k^3$
e) $\dfrac{3x^5}{2y^5}$

Q7 a) 10^{-2} b) x^{-2}
c) 10^{-4} d) a^{-4}
e) $5a^{-4}$

Page 16 — Square Roots and Cube Roots

Q1 a) 7.07   b) 4.47
c) 8.06   d) 3.87
e) 2.65   f) 8.49

Q2 a) 4.3   b) 5.3
c) 1.5   d) 2.9
e) 4.0   f) 2.2

Q3 a) 7 and -7
b) 16 and -16
c) 9.5 and -9.5
d) 9.3 and -9.3

Q4 a) 9 and -9
b) 5 and -5
c) 4 and -4
d) 10 and -10
e) 2 and -2
f) 6 and -6

Section 1 — Numbers

Answers: P16 — P21

Q5 a) 5 b) 4
c) 2 d) 3
e) 1 f) 0

Q6 a) $4x$ b) $5a$
c) $10m$ d) $8ab$
e) $4abc$ f) a^2
g) $3a$ h) $4ab$
i) $10a^2$ j) a^2

Page 17 — Standard Form

Q1 a) 5×10^3 b) 9×10^3
c) 9×10^4 d) 2×10^5
e) 3×10^6 f) 3×10^7
g) 3×10^8 h) 8×10^9
i) 1×10^{10}

Q2 a) 5×10^6
b) 5.8×10^6
c) 5.85×10^6
d) 6×10^6
e) 6.7×10^6
f) 6.75×10^6

Q3 a) 4000 b) 4300
c) 4350 d) 435 200
e) 60 000 f) 64 000
g) 64 200 h) 64 250
i) 64 258

Q4 a) 3.5×10^6
b) 1.6×10^5
c) 4.5×10^7
d) 1.27×10^8
e) 5.85×10^5
f) 7.28×10^{10}
g) 3×10^4
h) 8.5×10^5
i) 3×10^3

Q5 a) 6×10^9
b) 3×10^{10}
c) 1.2×10^{14}
d) 1.25×10^{10}

Q6 a) 3×10^5
b) 4×10^8
c) 3.5×10^6
d) 2×10^2

Q7 a) 4×10^{-4}
b) 2×10^{-2}
c) 2.5×10^{-2}
d) 5×10^{-4}
e) 5.2×10^{-4}
f) 5.27×10^{-4}

Q8 $1.76 \times 10^3, 2.31 \times 10^3, 2450$

Q9 $6.5 \times 10^{-5}, 1.6 \times 10^{-4}, 0.0078$

Section 2 — Algebra

Page 18 — Algebra — Simplifying Terms

Q1 a) $2y + 2z$ or $2(y + z)$
b) $8a$
c) $6w - 2v$
d) $5c - 5d$ or $5(c - d)$
e) $2u - 2t + 10$ or $2(u - t + 5)$
f) $4f - 2g + 1$
g) $5r - 4s - 3$
h) $-h - 3j - 1$

Q2 a) a^2 b) b^3
c) c^4 d) a^2b
e) $2d^2f^2$ f) g^4
g) $2h^2g^2$ h) $12k^4$

Q3 a) z b) y^3
c) x^4 d) $2k$
e) $5m$ f) $2n^5$
g) 1 h) 1

Q4
$p + p = 2p$
$a - b + a = 2a - b$
$r + s - r = s$
$(t + t) \div 4u = \dfrac{t}{2u}$
$v + 2 + v - 5 = 2v - 3$
$a \times b = ba$
$\dfrac{1}{2} \times w \times x = \dfrac{wx}{2}$
$3 + y - 7 - y + 4 = 0$

Page 19 — Algebra — Expanding and Factorising

Q1 a) $2p + 6$ b) $3q - 9$
c) $16 + 4r$ d) $10 - 5r$
e) $6s + 3$ f) $12s - 28$
g) $50 + 15t$ h) $-12 - 12u$

Q2 a) $3a + 3b$
b) $3m + 6n + 15k$
c) $12x - 18y$
d) $50x - 40y + 60z$
e) $-2x - 2y$
f) $-4c + 10d$
g) $24a + 32b - 48$
h) $2ab + 6ac$
i) $-3mx - 3my$
j) $-3m^2 - 3mn$
k) $4hl - 4h^2$
l) $6y^3m + 6yn$

Q3 a) $2(a + 2)$ b) $3(2b + 3)$
c) $3(c - 2)$ d) $4(2 - d)$
e) $2(x + y)$ f) $3(x + 2y)$
g) $a(x + y)$ h) $5(2a + 3b)$
i) $2(2x - y)$ j) $3x(2 - 3z)$

Q4 a) $7p(p - 2q)$ b) $a(ap - q)$
c) $3y(xy + y + z)$ d) $4a(x + 2y)$
e) $6b(2x - y + 4z)$ f) $a(1 - 4a)$
g) $n(n + 5)$ h) $x(x - 1)$

Q5 a) $x^2 + 6x + 8$
b) $x^2 + 12x + 36$
c) $x^2 + 2x - 15$
d) $x^2 - 6x + 9$
e) $2a^2 + 9a + 9$
f) $a^2 + a - 12$
g) $m^2 - 5m + 6$
h) $2m^2 + 7m + 5$
i) $3y^2 - 13y - 10$
j) $16x^2 + 24x + 9$
k) $2k^3 + 11k^2 + 13k + 8$
l) $3y^3 + 5y^2 - 6y - 8$

Page 20 — Solving Equations

Q1 a) $x = 5$ b) $x = 4$
c) $x = 8$ d) $x = 4$
e) $x = 19$ f) $x = -2$
g) $x = -9$ h) $x = -8$
i) $x = 44$ j) $x = 21$
k) $x = 40$ l) $x = 10$
m) $x = 3$ n) $x = 0.5$

Q2 a) $x = 4$ b) $x = 20$
c) $x = 10$ d) $x = 4$
e) $x = 10$ f) $x = 100$

Q3 a) $x = 10$ b) $x = 42$
c) $x = 20$ d) $x = 5$
e) $x = 3$ f) $x = 15$
g) $x = 30$ h) $x = 100$
i) $x = 7$ j) $x = 100$

Q4 a) $x = 0.75$
b) $x = -1$
c) $x = -6$
d) $x = -1$
e) $x = 0.44$ (2 d.p.)
f) $x = 1.18$ (2 d.p.)

Page 21 — Using Formulas

Q1 a) 12 b) 50

Q2 a) 240 b) 0.5

Q3 a) 20.58 cm^3 b) 3.125 m
c) 15 mm

Q4 a) 22.36 cm^2 b) 8 m

Q5 a) £260 b) £110
c) 75

Q6 a) 570 b) 200
c) 10

Q7 a) 5.5 b) 2
c) 0.5

Answers: P22 — P27

Page 22 — Expressions and Formulas from Words

Q1 a) $x + 20°$
b) $5n$
c) $y - 5$
d) $k - 2$ kg
e) $80L$ metres
f) $v + 15$ km/h
g) $0.25y$ litres

Q2 $C = 15 + 10h$

Q3 $c = 1.2m + 1.99$

Q4 $T = 50n$

Q5 $C = 14.5x + 7.6y$

Page 23 — Equations and Formulas from Words

Q1 a) £$b = 0.08n + 15$
b) £16.60
c) £24.60
d) £19.80

Q2 a) £$x = 0.5d + 0.25e$, where d = number of daytime calls, and e = number of evening calls
b) £12.50
c) £27.50
d) 92
e) 8

Q3 a) $b + 22$
b) $(b + 22) + b = 460$
$b = 219$
c) 241

Q4 a) $x = 59°$
b) $x = 85°$
c) $x = 30°$
d) $x = 35°$

Page 24 — Rearranging Formulas

Q1 a) 14 b) $x = b - a$
Q2 a) 18 b) $x = b + a$
Q3 a) 6 b) $x = \frac{q}{p}$
Q4 a) 27 b) $x = nm$
Q5 a) 7 b) $x = c - d$
Q6 a) 19 b) $x = h + k$
Q7 a) 5 b) $x = \frac{u}{v}$
Q8 a) 60 b) $x = ab$
Q9 a) 4 b) $x = \frac{c-b}{a}$
Q10 a) 8 b) $x = \frac{r+q}{p}$
Q11 a) 4 b) $x = \frac{a+c}{b}$
Q12 a) 9 b) $x = m(p - n)$
Q13 a) 105 b) $x = m(l + n)$

Q14 a) 33 b) $x = s(t - r)$
Q15 a) 2 b) $x = \frac{z - m}{n}$
Q16 a) 200 b) $x = k(e + r)$
Q17 a) -5 b) $x = b - a$
Q18 a) 3 b) $x = \frac{q - p}{r}$

Q19 a) $T = \frac{v}{a}$
b) $T = \frac{d}{ax}$
c) $T = \frac{p}{5rs}$
d) $S = \frac{p}{5rt}$
e) $Q = \frac{m}{p}$
f) $Q = \frac{m}{p^2}$
g) $R = \frac{c}{2p}$
h) $H = \frac{v}{lb}$
i) $B = 100a$
j) $B = \frac{100a}{c}$
k) $R = \frac{100l}{pt}$
l) $B = 3a$

Q20 a) $B = c - a$
b) $K = (l - 2a)^2$
c) $C = b - d^2$
d) $C = 3b - 2d$
e) $A = \frac{n^2 - m}{3}$
f) $P = 2n - 7$
g) $D = 5 - 3t$
h) $X = 4(b - a)$ or $X = 4b - 4a$
i) $M = n(h - k)$ or $M = hn - kn$

Pages 25-26 — Number Patterns and Sequences

Q1 a) 4, 7, 10, 13, 16

b) 3, 5, 7, 9, 11

c) 12, 19, 26, 33

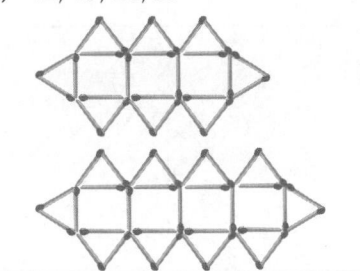

Q2

n	1	2	3	4	5	6	7	8
t	3	5	7	9	11	13	15	17

Q3 a) Add 2, Arithmetic; 18, 20, 22
b) Divide by 2, Geometric; 28, 14, 7
c) Add 3, Arithmetic; 15, 18, 21
d) Multiply by 2, Geometric; 48, 96, 192
e) Subtract 2, Arithmetic; 0, -2, -4
f) Add 3, Arithmetic; -1, 2, 5
g) Subtract 3, Arithmetic; -17, -20, -23
h) Multiply by 3, Geometric; 162, 486, 1458

Q4

n	1	2	3	4	5	6	7	8
t	1	4	7	10	13	16	19	22

Q5 a) 6, 11, 16, 21, 26, 31, 36, 41
b) 5 5 5 5 5 5 5
c) $t = 5n + 1$
d) 101

Q6 a) 7, 9, 11, 13, 15, 17, 19, 21
b) 2 2 2 2 2 2 2
c) nth term $= 2n + 5$

Q7 a) 2, 9, 16, 23, 30, 37, 44, 51
b) nth term $= 7n - 5$
c) Yes

Q8 a) 4, 6.5, 9, 11.5, 14, 16.5, 19, 21.5
b) nth term $= 2.5n + 1.5$
c) 126.5

Q9 a) 5, 2, -1, -4, -7
b) -3
c) nth term $= -3n + 23$
d) No

Q10 a) nth term $= 7n - 4$
b) nth term $= 4n + 1$
c) nth term $= -3n + 17$
d) nth term $= -5n + 32$

Page 27 — Inequalities

Q1 a) 1, 2
b) -6, -5, -4, -3, -2, -1
c) 1, 2, 3, 4
d) -3, -2, -1

Q2 a) 3,4,5,6
b) 2,3,4,5,6,7
c) 3,4,5,6,7
d) 21,22,23,24,25
e) 9
f) -1,0,1,2,3
g) -2,-1,0,1
h) -7,-6,-5,-4,-3

Section 2 — Algebra

Answers: P27 — P29

Q3 a)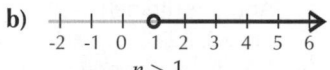
$n < 4$

b)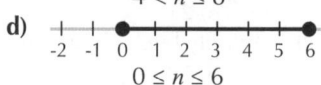
$n > 1$

c)
3 4 5 6 7 8 9
$4 < n \leq 8$

d)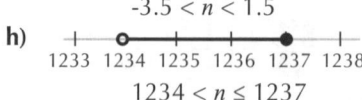
$0 \leq n \leq 6$

e)
-2 -1 0 1 2 3 4 5 6
$-1 < n \leq 5$

f)
0 0.2 0.4 0.6 0.8 1.0 1.2 1.4 1.6 1.8
$0.1 < n < 1.7$

g)
-5 -4 -3 -2 -1 0 1 2 3
$-3.5 < n < 1.5$

h)
1233 1234 1235 1236 1237 1238
$1234 < n \leq 1237$

Q4 a) $-2 < a \leq 3$
b) $-3 \leq b < 0$
c) $1 \leq c \leq 3$
d) $-3 < d < -2$
e) $-1 < e \leq 4$

Q5 $30 \leq n \leq 200$

Section 3 — Graphs

Page 28 — X and Y Coordinates

Q1 P (0, 2); Q (1, 0); R(0, −2); S(−1, 0)

Q2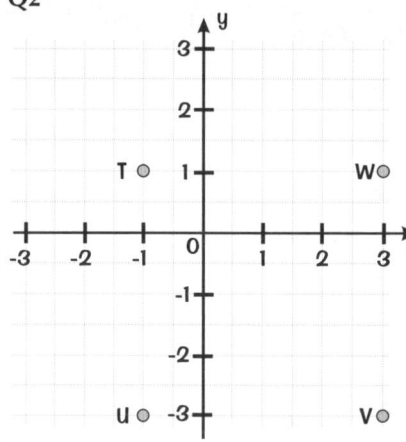

Q3 a) (5, 0) **b)** (0, 0.5)
c) (2, 2) **d)** (-1.5, 1.5)
e) (2, 4) **f)** (4, -2)

Page 29 — Plotting Straight Line Graphs

Q1 a)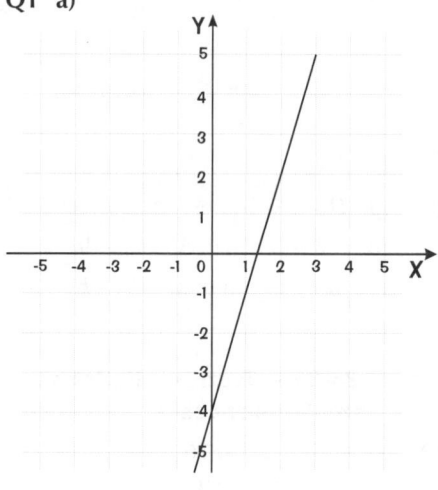

b)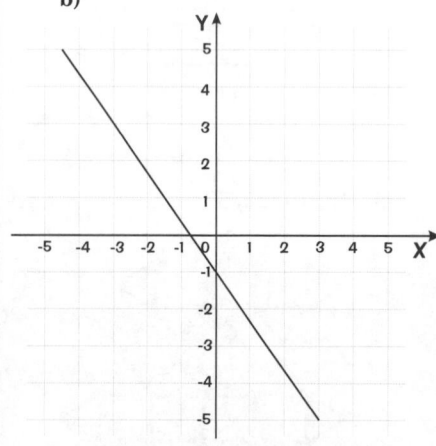

c)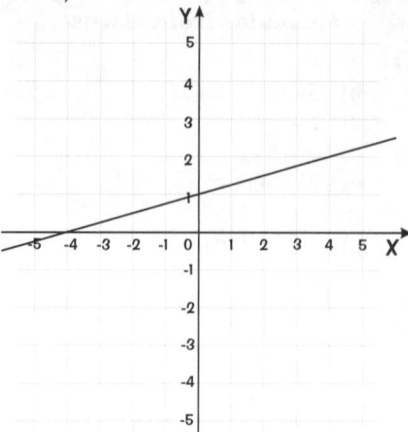

Q2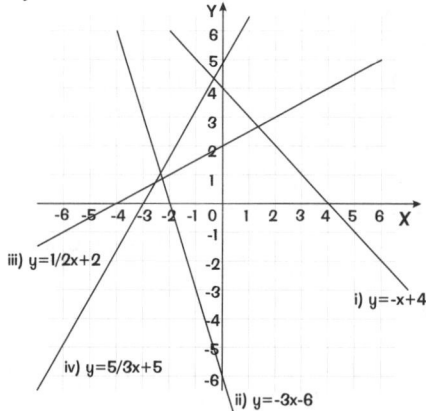

i) $y=-x+4$
ii) $y=-3x-6$
iii) $y=1/2x+2$
iv) $y=5/3x+5$

Q3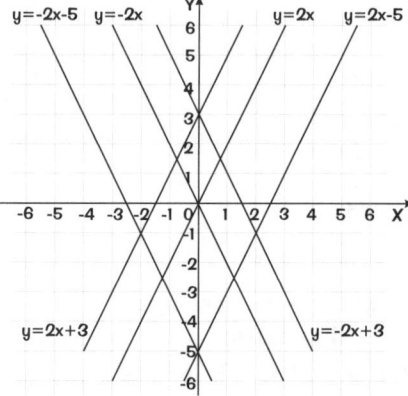

$y=-2x-5$ $y=-2x$ $y=2x$ $y=2x-5$
$y=2x+3$ $y=-2x+3$

c) i), ii) and iii) They are mirrored in the *y*-axis.

Answers: P29 — P34

Q4 a)
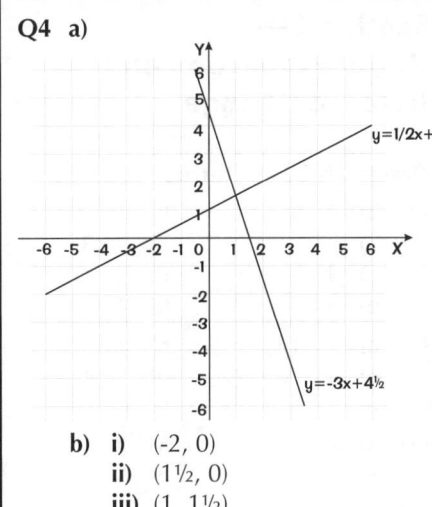

b) i) (-2, 0)
ii) (1½, 0)
iii) (1, 1½)

Pages 30-31 — Gradients and y = mx + c

Q1
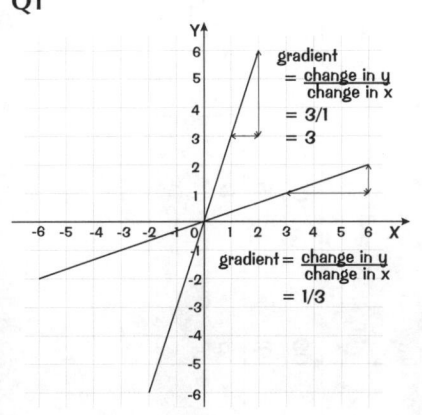

Q2
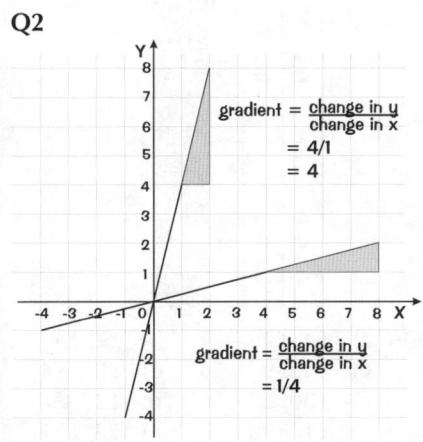

Q3 a) 2 **b)** 2
c) $\frac{1}{4}$ **d)** $\frac{1}{4}$
e) -1 **f)** -1
g) $-\frac{1}{2}$ **h)** $-\frac{1}{2}$
i) -2 **j)** 5

Q4 a) $-\frac{1}{2}$ **b)** $-\frac{2}{3}$
c) $\frac{1}{3}$ **d)** $\frac{3}{4}$
e) $\frac{1}{2}$ **f)** $\frac{5}{4}$
g) $\frac{3}{5}$ **h)** $\frac{1}{3}$

Q5 a) ii **b)** iii **c)** i

Q6 i) (a) intercept = 0
gradient = 2
equation: $y = 2x$
(b) intercept = -3
gradient = 2
equation: $y = 2x - 3$
(c) intercept = 0
gradient = $-\frac{1}{3}$
equation: $y = -\frac{1}{3}x$
(d) intercept = 2
gradient = $-\frac{1}{3}$
equation: $y = -\frac{1}{3}x + 2$

ii) Both have a gradient of 2.
iii) Both have a gradient of $-\frac{1}{3}$.

Q7 a) and b)
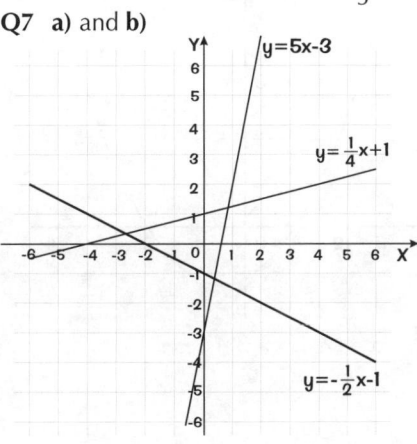

Pages 32-33 — Real-Life Graphs

Q1 a) 12:00
b) 15 min
c) 2 km
d) 30 min
e) 0.5 km
f) 14:50 (10 to 3)

Q2 a) ≈ 45 HKD **b)** ≈ 18 HKD
c) ≈ 72 HKD **d)** ≈ €8.80
e) ≈ €3.30 **f)** ≈ €6.10

Q3 a) This graph shows the motion of a football being propelled into the air from an initial height of 0.5 m until it hits the ground. It could be the motion of the ball after a header or volley.

b) The graph could represent the motion of a tennis ball after being hit by one player (from a height of 1 m) and then being volleyed by the other player from the same height, rising to a lower height than the first hit before falling to the ground.

c) The graph shows a car accelerating jerkily to about 15 mph, then slowing to a halt. The car then accelerates again up to a speed of 30 mph, which is maintained for a period of time, before it slows again to a halt. The wiggles in the car's acceleration could be the driver changing the pressure on the accelerator, applying the brakes or changing gear.

Q4 1) A, 2) D, 3) B, 4) C

Q5 a) £20
b) £27
c)
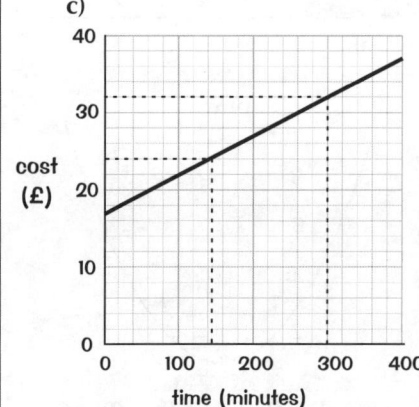

d) about £24
e) about 300 min

Page 34 — Reading Off Graphs

Q1 a) i) 1 **ii)** 0
b) i) 2 **ii)** 2
c) i) -8 **ii)** 0

Q2 a) $x = -1$, $y = -1$
b) $x = 1$, $y = -1$

Q3 a) $x = -1$, $y = 3$
b) $x = 1$, $y = 2$
c) $x = 5$, $y = 6$
d) $x = 2$, $y = -3$
e) $x = 5$, $y = -4$
f) $x = -3$, $y = -1$
g) $x = 3$, $y = 0$
h) $x = -1$, $y = -2$

Section 3 — Graphs

Answers: P35 — P37

Page 35 — Quadratic Graphs

Q1

x	-4	-3	-2	-1	0	1	2	3	4	5
$y = x^2$	16	9	4	1	0	1	4	9	16	25

a) and b)

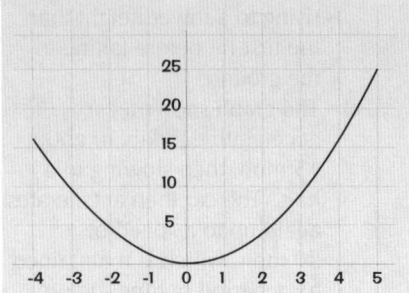

c) 12.2 (Accept 12 to 12.4)
d) -2.6 and 2.6 (Accept -2.8 to -2.4 and 2.4 to 2.8)

Q2

x	-2	-1	0	1	2	3	4
x^2	4	1	0	1	4	9	16
$-2x$	4	2	0	-2	-4	-6	-8
2	2	2	2	2	2	2	2
$x^2 - 2x + 2$	10	5	2	1	2	5	10

a)

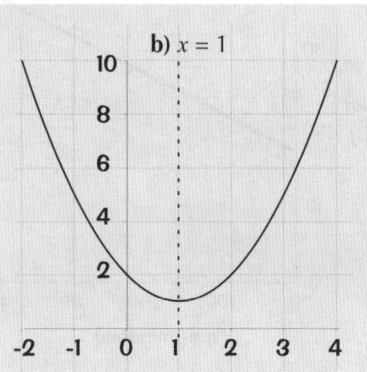

b) $x = 1$

b) Vertical line through $x = 1$.

Q3

x	-3	-2	-1	0	1	2	3
4	4	4	4	4	4	4	4
$-x^2$	-9	-4	-1	0	-1	-4	-9
$4 - x^2$	-5	0	3	4	3	0	-5

a)

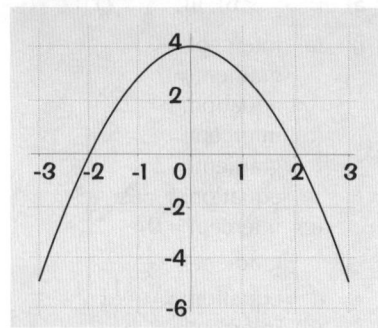

b) $x \approx -1.4$, $x \approx 1.4$

Q4

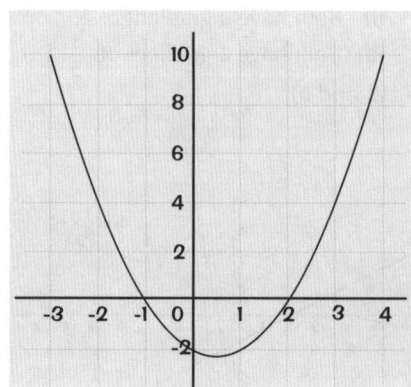

$x \approx -2.4$, $x \approx 3.4$

Section 4 — Ratio, Proportion and Rates of Change

Pages 36-37 — Ratios

Q1 a) 3 : 4 b) 1 : 6
c) 1 : 2 : 4 d) 2 : 3
e) 1 : 3 f) 4 : 1
g) 1 : 6 : 3 h) 1 : 10

Q2 a) 2 : 15 b) 1 : 30
c) 1 : 2000 d) 1 : 15
e) 7 : 3 f) 1 : 6

Q3 a) 8 : 5 b) 2 : 5
c) 4 : 5 d) 5 : 3

Q4 a) 1 : 1.5
b) 1 : 1.6
c) 1 : 0.625
d) 1 : 0.5
e) 1 : 0.5
f) 1 : 1.43 (2 d.p.)
g) 1 : 0.7
h) 1 : 0.17 (2 d.p.)

Q5

No. of bowls	No. of strawberries	No. of melon pieces	Ratio of strawberries to melon pieces *
10	30	50	3:5
6	18	30	3:5
3	9	15	3:5

Q6 a) £4, £4 b) £2, £4
c) £3, £9 d) £20, £4
e) £80, £20 f) £25, £75
g) £1, 50p h) £3, £21

Q7 Venus Flytraps: 100 m²
Deadly Nightshade: 40 m²

Q8 a) 720
b) 288

Q9 a) 60 litres of red, 90 litres of yellow
b) 150 litres
c) 345 litres
d) 500 litres

Section 4 — Ratio, Proportion and Rates of Change

Answers: P38 — P45

Page 38 — Direct Proportion
Q1 a) butter 300 g, flour 450 g, cocoa 240 g, eggs 12, walnuts 300 g, sugar 1350 g.
b) 100 brownies

Q2 a) 19p
b) £1.14
c) 4/19

Q3 a) £9.60
b) 6.25 m

Q4 a) 35
b) $p = 0.25b$

Q5

Amount Bought	Singles	Albums	T-Shirts	Plastic Dolls
1	25p	17p	22p	13p
2	50p	34p	44p	26p
3	75p	51p	66p	39p
4	£1	68p	88p	52p
5	£1.25	85p	£1.10	65p
6	£1.50	£1.02	£1.32	78p

Page 39 — Inverse Proportion
Q1 1.5 minutes
Q2 9 hours
Q3 25 minutes
Q4 22.5 minutes
Q5 a) 30 minutes
b) $t = \dfrac{270}{x}$
Q6 a) 2 months
b) $m = \dfrac{30}{b}$

Pages 40-41 — Percentage Change
Q1 a) £9.20
b) £55.20
Q2 £248.04
Q3 16933
Q4 387
Q5 a) £21
b) £413
Q6 a) 26%
b) £350
Q7 a) 14% gain in value.
b) Glen's net gain is 10.1%.
Q8 £250
Q9 £56
Q10 700 000 litres
Q11 £1680
Q12 361.5 million square km
Q13 £21.00
Q14 11 seconds

Pages 42-43 — Converting Units
Q1 a) 48 mm
b) 264 mm
c) 87.5 mm
d) 6.3 mm
Q2 a) 7.6 cm
b) 18.5 cm
c) 350 cm
d) 0.05 cm
Q3 a) 1.45 m
b) 3.5 m
c) 0.85 m
d) 0.05 m
e) 25 m
f) 0.155 m
Q4 500 cm, 560 cm, 568 cm, 75 cm, 5 cm
Q5 1400 g, 2850 g, 650 g
Q6 0.45 kg, 1.45 kg, 2.45 kg, 0.05 kg, 0.005 kg
Q7 20 glasses
Q8 4.118 tonnes
Q9 67.5 litres
Q10 437 minutes
Q11 Giles: 5.625 miles, Bob: 5 miles
Giles walked further.

Q12

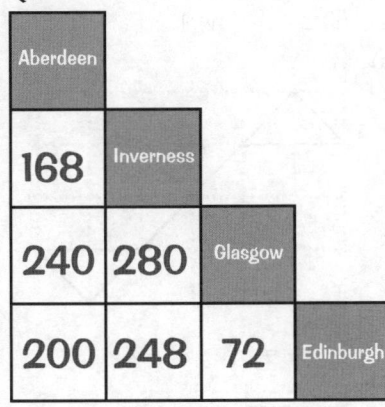

Q13 511 g
Q14 a) 112 km/h
b) 48 km/h
c) 160 km/h
d) 22.5 mph
e) 56.25 mph

Q15 a) 1.6 m²
b) Yes
Q16 a) 4 cm²
b) 50 000 cm²
c) 0.2 km²
d) 0.6 m²
e) 40 000 m²
f) 15 000 cm²
Q17 a) 10 cm³
b) 50 000 cm³
c) 0.3 m³
d) 5 000 000 mm³

Page 44 — Maps and Scale Drawings
Q1 a) 2.5 m × 1.5 m
b) Yes, there is 1.5 m of wall
c) 1.5 m × 75 cm
Q2 45000 cm = 450 m
Q3 a) 1 900 000 cm
b) 9.5 : 1 900 000
c) 1 cm represents 2 km, 1 : 200 000
d) 16 km

Page 45 — Best Buy
Q1 6 ÷ 250 = 0.024 m per penny
7 ÷ 260 = 0.0269 m per penny
So best buy = 7 m of ribbon at £2.60

Q2 a) 800 ÷ 120 = 6.67 g per penny
400 ÷ 90 = 4.44 g per penny
600 ÷ 100 = 6 g per penny
So 800 g is the best buy
b) £2 − £1.20 = 80p

Q3 a) 4 for £12.99 (£3.25 each)
b) 40 for £9 (22.5p each)
c) 5 for £8.50 (£1.70 each)
d) 10 for £3.99 (39.9p each)
e) 3 for £3.99 (£1.33 each)

Q4 300 ml for £1.39

Q5 a) 14 jam tarts for £1.40 (10p each)
b) 10 chews for £3 (30p each)
c) 6 for £5.95 (99p each)

Section 4 — Ratio, Proportion and Rates of Change

Answers: P46 — P49

Page 46 — Density and Speed

Q1 a) 45 mph
   b) 3.25 mph
   c) 125 km/h
   d) 625 km/h
   e) 8 km/s

Q2 a) 1.28 hours
   b) 0.82 hours
   c) 6.25 hours

Q3 a) 462.5 m
   b) 0.36 m
   c) 388.8 km

Q4 a) 10.5 g per cm^3
   b) 88.4 g
   c) 3 cm^3
   d) 166.4 g
   e) Call the volume of ice V.
      Mass of water = 1 × 810
                    = 810 g
      Mass of ice = 0.9 × V
      The water and ice will have the same mass, so $0.9V = 810$.
      $V = 810 ÷ 0.9 = 900$ cm^3

Q5 a) $\dfrac{\text{Mass of Earth}}{\text{Mass of Moon}} = \dfrac{5.52V}{3.34V}$
      = 5.52 ÷ 3.34 = 1.7 (2 sf)
   b) $\dfrac{\text{Mass of Earth}}{\text{Mass of Moon}} = \dfrac{5.52 \times 49V}{3.34V}$
      = 270.48 ÷ 3.34 = 81 (2 sf)

Section 5 — Geometry and Measures

Page 47 — Symmetry

Q1 a)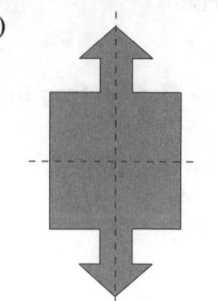

b)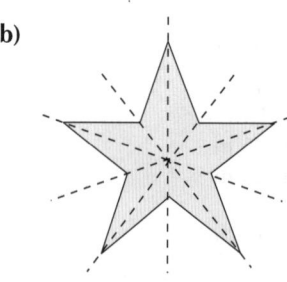

c)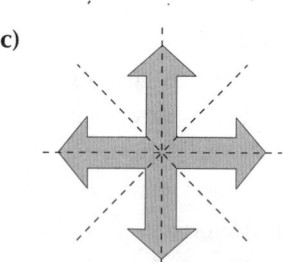

Q2 a) 4   b) 2
   c) 3   d) 2

Q3 a) i) 0   ii) 1
      iii) 0 iv) 1
   b) i) 2   ii) 1
      iii) 2 iv) 1

Q4 a)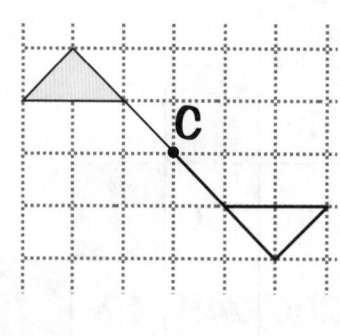

b)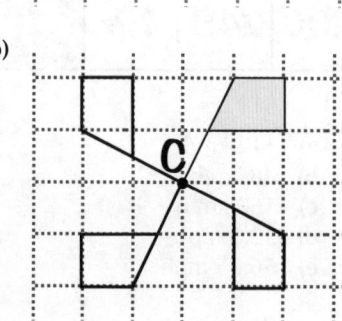

c)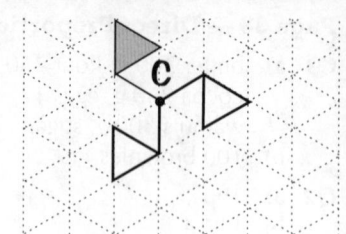

Page 48 — 2D Shapes

Q1 a) i) Regular pentagon
      ii) 5
      iii) 5
   b) i) Regular heptagon
      ii) 7
      iii) 7
   c) i) Equilateral Triangle
      ii) 3
      iii) 3
   d) i) Regular octagon
      ii) 8
      iii) 8
   e) i) Rhombus
      ii) 2
      iii) 2
   f) i) Regular hexagon
      ii) 6
      iii) 6
   g) i) Trapezium
      ii) 0
      iii) 1 (No rotational symmetry)
   h) i) Kite
      ii) 1
      iii) 1 (No rotational symmetry)
   i) i) Scalene triangle
      ii) 0
      iii) 1 (No rotational symmetry)

Q2 Isosceles triangle

Q3 Parallelogram

Q4 b)

Pages 49-50 — Perimeter and Area

Q1 0.09 km^2

Q2 a) 0.625 m^2
   b) 1.35 m^2
   c) 1.68 m^2
   d) 0.36 m^2
   e) 3.84 m^2

Q3 a) i) 40 cm^2 ii) 1 m^2
      iii) 8.4 m^2
   b) 4 cm
   c) 12 m^2

Q4 $\frac{1}{2} \times (a + b) \times h$
   a) 28 cm^2
   b) 26 cm^2

Section 5 — Geometry and Measures

Answers: P50 — P57

Q5 a) 44 cm
   b) 68 cm
Q6 0.8 m
Q7 a) A: 54 square feet
      B: 192 square feet
      C: 855 square feet
      D: 800 square feet
   b) 2610 square feet
   c) 709 square feet

Page 51 — Circles
Q1 a) 204.2 cm
   b) 276.5 cm
   c) 26.7 cm
   d) 48.1 cm
   e) 66.0 m
   f) 6790 miles
Q2 30 000 m²
Q3 a) 32.99 cm
   b) 596.90 cm
   c) 5.34 cm
   d) 27.33 cm
   e) 45.55 cm
Q4 a) 615.8 cm²
   b) 1963.5 cm²
   c) 7854.0 cm²
   d) 1520.5 m²
   e) 3217.0 square feet
   f) 78.5 m²
   g) 15393.8 square miles
Q5 a) 9.62 cm²
   b) 5674.50 cm²
   c) 1.23 m²
   d) 122.72 m²
   e) 0.04 square inches
   f) 2.69 m²

Page 52 — 3D Shapes and Nets
Q1 a) ii) square based pyramid
   b) i) tetrahedron
   c) iii) triangular prism
Q2 a), c), d), f)
Q3 a)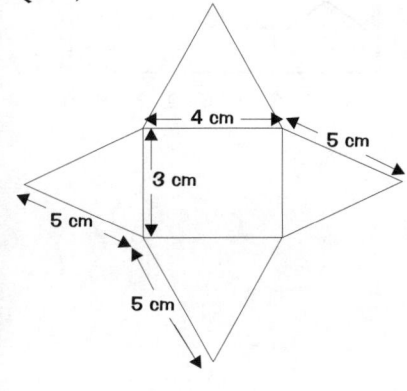

b) [diagram of net with measurements: 3 cm, 4 cm, 5 cm, 2 cm, 3 cm, 3 cm]

Page 53 — Surface Area
Q1 a) 14 cm²
   b) 150 mm²
   c) 400 m²
Q2 a) 166 cm²
   b) 156 cm²
   c) 186.5 cm²
Q3 a) 62 cm²
   b) 40 cm²
   c) 280 cm²
Q4 150.8 cm²

Page 54 — Volume
Q1 a) 15.36 m³   b) 9.6 m³
   c) 8.25 m³   d) 12.16 m³
   e) 3.84 m³   f) 3.84 m³
   g) 6.16 m³   h) 6.144 m³
Q2 a) 0.84 m²
   b) 1.932 m³
Q3 2700 litres
   (to nearest 100 litres)
Q4 a) i) 25 cm
      ii) 1963.5 cm²
      iii) 196350 cm³
      iv) 196 litres
   b) 0.8 m/s
      = 0.8 × 60 × 60 m per hour
      = 2880 m per hour
      Volume in 2880 m
      = 196 × 2880 = 564480 litres
      = 564000 (nearest 1000 litres)

Page 55 — Angle Basics
Q1 a) acute
   b) acute
   c) obtuse
   d) reflex
Q2 a) 96°
   b) 77°
   c) 99°
   d) 88°

Q3 [triangle diagram: Z with 30°, Y right angle, X 60°]

Q4 [angle diagram: 35°]

Pages 56-57 — Geometry Rules
Q1 a = 137°   b = 47°
   c = 137°   d = 128°
   e = 52°   f = 120°
   g = 60°   h = 62°
   i = 118°   j = 68°
   k = 92°   x = 120°
   y = 72°   z = 125°
Q2 i) a = b = 48°
   ii) c = 80°
       d = 20°
   iii) e = f = 62°
   iv) g = 35°
       h = 110°
   v) i = j = 74°
Q3 a = 63°   b = 57°
   c = 112°   d = 35°
   e = 115°   f = 99°
   g = 70°   h = 100°
   i = 41°   j = 105°
Q4 i) a = 58°
      b = c = d = 64°
      e = f = 52°
   ii) g = h = 45°
       i = 43°
       j = 92°
       k = 43°
   iii) l = m = n = 60°
        p = q = 62°
        r = 58°
        s = 58°
   iv) t = u = 75°
       v = 55°
       w = 50°
       x = 105°
       y = 55°
       z = 53°

Section 5 — Geometry and Measures

Answers: P58 — P61

Pages 58-59 — Interior and Exterior Angles

Q1 a) e = 36°
   i = 144°
b) e = 24°
   i = 156°
c) e = 18°
   i = 162°
d) e = 15°
   i = 165°

Q2 a) 9 sides
b) 12 sides
c) 18 sides
d) 30 sides
e) 36 sides

Q3 a) P = 63°
b) Q = 48°
c) R = 40°
d) S = 120°
e) T = 80°
f) U = 150°

Q4 a) 70°
b) 140°

Q5 A: 45°   B: 45°

Q6 i) a = 40°   b = 100°
   c = 80°   d = 80°
   e = 60°
ii) p = 72°   q = 72°
   r = 54°   s = 54°
   t = 108°
iii) u = 60°   v = 60°
   x = 60°   y = 60°
   z = 120°   m = 30°
   n = 30°
iv) a = 100°   b = 80°
   c = 100°   d = 145°
   e = 35°   f = 35°
   g = 90°

Pages 60-61 — Transformations

Q1

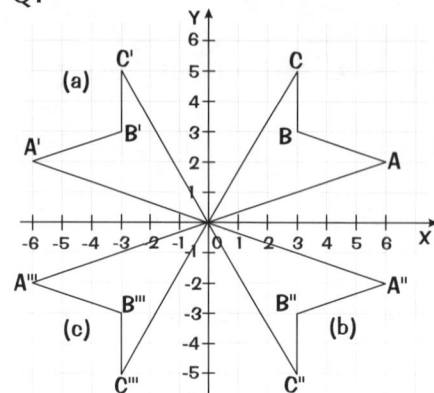

d)

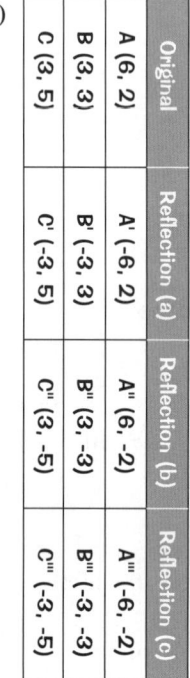

e) i) When reflecting in the x-axis, the sign of the y coordinate changes but the sign of the x coordinate doesn't.
ii) When reflecting in the y-axis, the sign of the x coordinate changes but the sign of the y coordinate doesn't.

Q2

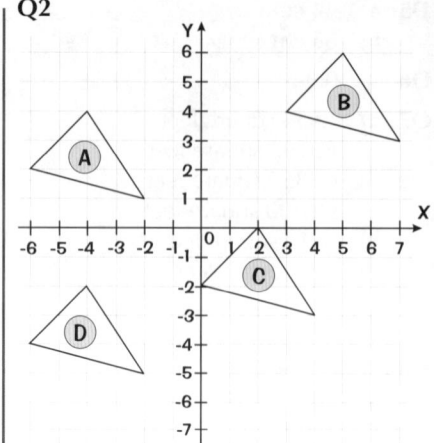

Q3 a) Reflection in the y-axis
b) Reflection in the x-axis
c) Rotation 90° anti-clockwise about (0,0)
d) Rotation 90° anti-clockwise about (0,0)
e) Rotation 180° clockwise or anti-clockwise about (0,0)
f) Reflection in the line ML (which is the line $y = x$)

Q4

Original	Enlargement ×2	Enlargement ×3
A (3, 0)	A' (6, 0)	A" (9, 0)
B (3, 1)	B' (6, 2)	B" (9, 3)
C (1½, 2)	C' (3, 4)	C" (4½, 6)
D (0, 1)	D' (0, 2)	D" (0, 3)

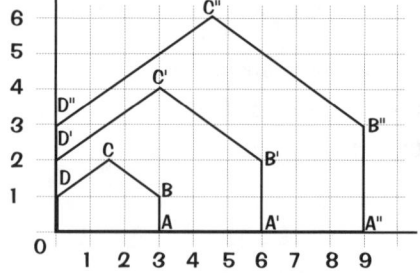

Section 5 — Geometry and Measures

Answers: P62 — P68

Page 62 — Congruence and Similarity

Q1 A, D   E, B   C, F

Q2 Pair A — yes. The sides of the pale triangle are the same lengths as those of the dark triangle.
Pair B — yes. Two angles and one side are the same on both triangles.

Q3 b), c)

Q4 b), c)

Page 63 — Constructions

Q1 Correctly drawn triangles.

Q2 TUV and WXY are congruent.

Q3 Correctly drawn triangles.

Q4 Accept 2, 2.1, 2.2 cm

Page 64 — Pythagoras' Theorem

Q1 a) Less than 90°. $5^2 + 4^2 = 41$
$6.2^2 < 41$
b) More than 90°.
$6.8^2 + 7^2 = 95.24$
$10^2 > 95.24$
c) Right-angle.
$4.5^2 + 6^2 = 56.25$
$56.25 = 7.5^2$

Q2 a) 12.0 cm   b) 0.206 cm
c) 11.2 cm   d) 6.32 cm
e) 9.12 cm   f) 0.687 cm
g) 8.00 cm   h) 6.00 cm
i) 7.07 cm   j) 0.707 cm
k) 9.57 cm

Pages 65-66 — Trigonometry

Q1

Angle a	cos a	sin a	tan a
0°	1	0	0
10°	0.985	0.174	0.176
15°	0.966	0.259	0.268
30°	0.866	0.5	0.577
45°	0.707	0.707	1
60°	0.5	0.866	1.732
80°	0.174	0.985	5.671
88°	0.035	0.999	28.636
90°	0	1	∞

Q2

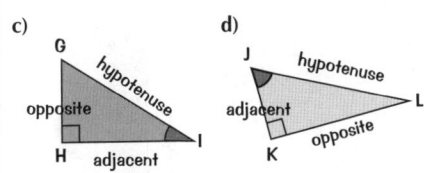

Q3 a) 24.6°   b) 67.8°
c) 35.5°   d) 55.8°
e) 48.2°   f) 18.4°

Q4 a) x = 5.67 m
b) y = 24.24 m
c) x = 5.67 m
d) l = 12.61 cm
e) d = 5.75 m
f) a = 368.20 km
g) x = 6.88 cm
h) d = 3.96 m
i) x = 45.96 cm
j) k = 4.33 m

Q5 a) 17220 feet = 3.3 miles, to 1 dp
b) 11°

Q6 a) 23.2 m (3 sf)
b) 23.1 m (3 sf)
c) 4.77 m (3 sf)
d) 2.95 m (3 sf)

Section 6 — Probability and Statistics

Pages 67-68 — Probability

Q1 a) $\frac{1}{2}$ b) $\frac{1}{4}$
c) $\frac{1}{13}$ d) $\frac{3}{13}$
e) $\frac{10}{13}$ f) $\frac{5}{13}$
g) $\frac{4}{13}$ h) $\frac{1}{13}$
i) $\frac{1}{52}$

Q2 a) $\frac{1}{6}$ b) $\frac{1}{2}$
c) $\frac{1}{2}$ d) 0

Q3 a) $\frac{3}{10}$ b) $\frac{1}{2}$
c) $\frac{1}{5}$ d) $\frac{7}{10}$
e) 0

Q4 a) P(win) = $\frac{1}{10}$
b) P(not win) = $\frac{9}{10}$

Q5 a)

	Spinner B White	Red	Black
Red	RW	RR	RB
Black	BW	BR	BB
White	WW	WR	WB
Pink	PW	PR	PB

(Spinner A)

b) 12
c) i) $\frac{1}{12}$ ii) $\frac{1}{4}$
iii) $\frac{1}{2}$ iv) $\frac{1}{2}$
v) $\frac{3}{4}$

d) Estimate = 5 times, but you can't be certain it'll turn up at all.

e) It will get closer to $\frac{1}{12}$.

Q6 a) 25
b) Probably not

Q7 a) 0.55, 0.56, 0.58, 0.605, 0.61
b) tending to 0.6
c) No. Results would tend towards 0.5 if it was fair.

Answers: P69 — P71

Page 69 — Venn Diagrams
Q1 a) $\xi = \{1, 3, 5, 7, 9, 11, 13, 15\}$
$P = \{3, 9, 15\}$
$Q = \{5, 15\}$
b)
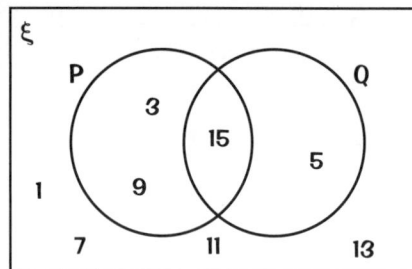

Q2 a) $S = \{2, 4, 6, 8, 10, 12\}$
b) $R \cap S = \{4, 8, 12\}$
c) $n(R) = 5$
d) $S' = \{3, 7, 9, 13\}$
e) $n(R') = 5$
f) $n(R \cup S) = 8$

Q3 a)
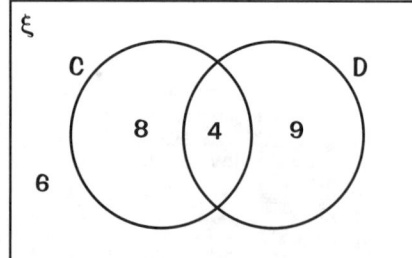

b) i) $\frac{12}{27} = \frac{4}{9}$
ii) $\frac{14}{27}$

Q4 a) $A \cap B = \{4, 16\}$
b)
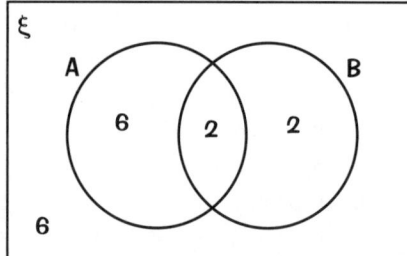

c) i) $\frac{8}{16} = \frac{1}{2}$
ii) $\frac{2}{16} = \frac{1}{8}$
iii) $\frac{12}{16} = \frac{3}{4}$

Pages 70-71 — Graphs and Charts
Q1 a) Discrete.
b)
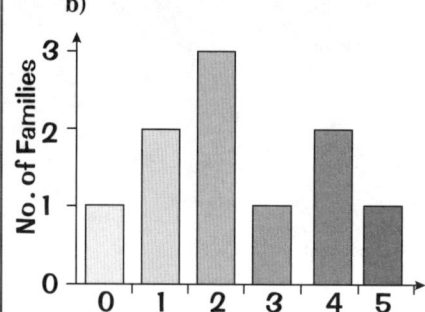

Q2 a) School A
b) School B
c) 10

Q3 a) £75
b)

Money For	Cost (£)	Degrees
Food	4800	64°
Accommodation Costs	3450	46°
Household Services	1800	24°
Leisure/Holidays	2400	32°
Insurance	900	12°
Clothes	1200	16°
Repairs and Decor	600	8°
Travel	2250	30°
Tax, N.I. and Pension	8100	108°
Savings	1500	20°

c)
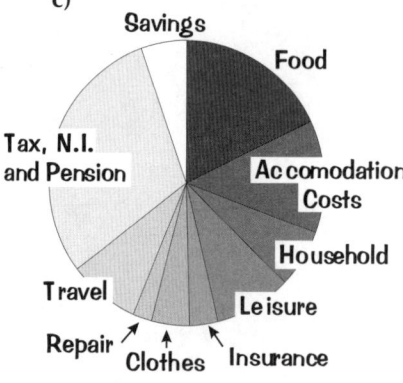

Q4 a)

Reason for Call Out	Number	Degrees
Out of Fuel	241	48°
Changing Wheel	94	19°
Fan Belt	322	64°
Water Leak	283	57°
Oil Leak	90	18°
Electrical	345	69°
Mechanical Failure	121	24°
Brakes	59	12°
Others	245	49°

b)
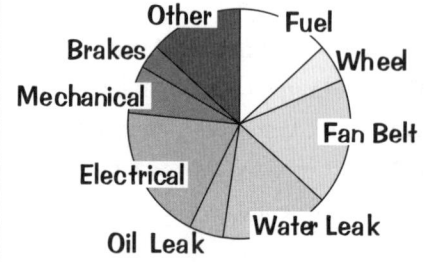

Q5 a) 8
b) 16
c) No. You can only tell how many plants were between 20 and 25 cm high. You can't say how many were between 20 and 23 cm.

Q6
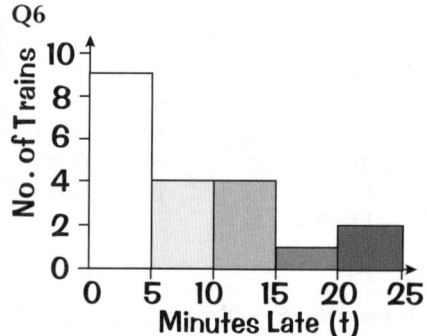

Q7

"Best Attraction"	Degrees on chart	No. of people
Neptune Rocket	70°	7000
Spooky Castle	50°	5000
Buccaneers' Boat	70°	7000
Zambezi Rapids	40°	4000
Death Canyon Railway	20°	2000
Supernova Experience	110°	11000

Answers: P72 — P75

Page 72 — Mean, Median, Mode and Range

Q1 Mode = 3, Median = 3.

Q2 a) Mean = 6.9, Median = 8, Mode = 0, Range = 15.
b) Mean = 3.89, Median = 4, Mode = 3, Range = 4.
c) Mean = 8, Median = 8, Mode = 8, Range = 0.
d) Mean = 2.67, Median = 2, Mode = 2, Range = 3.

Q3 Mean = 239.3, Median = 239, Mode = 239.
The label on the box is pretty good – it says 240 maggots per box and the mean, median and mode are all within one of that.

Q4 Mean Pay = £4.52, Median Pay = £4.63, Mode Pay = £4.75.
Yes, looking at the mean, median and mode pay, Gary is right in thinking most of his friends earn more.

Q5 a) Mean = 4.08
b) 0 0 0 0 0 0 1 1 1 1 2 2 2 2 2 3 3 3 3 4 5 5 18 20 24.
Median = 2
c) 5 pupils above mean, 20 below it.

Pages 73-75 — Averages from Frequency Tables

Q1 Mean 14.3, median 14, mode 14, range 10

Q2 Mean 11.28, median 11, mode 10, range 8.

Q3 a)

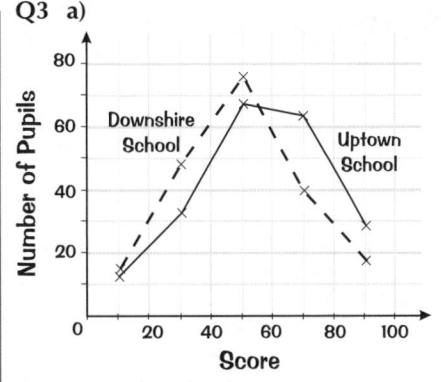

b) Uptown School

Score (out of 100)	1 - 20	21 - 40	41 - 60	61 - 80	81 - 100
No. of pupils	13	32	68	63	29
Mid-Interval	10.5	30.5	50.5	70.5	90.5
No. of pupils × Mid-Interval	136.5	976	3434	4441.5	2624.5

Mean Score = $\frac{11612.5}{205}$ = 56.6

Downshire School

Score (out of 100)	1 - 20	21 - 40	41 - 60	61 - 80	81 - 100
No. of pupils	15	48	76	40	18
Mid-Interval	10.5	30.5	50.5	70.5	90.5
No. of pupils × Mid-Interval	157.5	1464	3838	2820	1629

Mean Score = $\frac{9908.5}{197}$ = 50.3

c) Not necessarily. There are other factors such as the pupils' ability, teaching, etc.

Q4 a)

Age (whole number of years)	Frequency	Mid-Interval	Frequency × Mid-Interval
0 - 9	107	4.5	107 × 4.5 = 481.5
10 - 19	130	14.5	130 × 14.5 = 1885
20 - 29	132	24.5	3234
30 - 39	144	34.5	4968
40 - 49	120	44.5	5340
50 - 59	113	54.5	6158.5
60 - 69	110	64.5	7095
70 - 79	90	74.5	6705
80 - 89	49	84.5	4140.5
90 - 99	5	94.5	472.5

Mean = $\frac{40480}{1000}$ = 40.48
= 40.5 years old (1 dp)

b) 30 – 39 yrs age group.
c) 30 – 39 yrs age group.

Q5 a)

Age (whole number of years)	Frequency	Mid-Interval	Frequency × Mid-Interval
0 - 9	272	4.5	1224
10 - 19	227	14.5	3291.5
20 - 29	173	24.5	4238.5
30 - 39	124	34.5	4278
40 - 49	99	44.5	4405.5
50 - 59	60	54.5	3270
60 - 69	29	64.5	1870.5
70 - 79	8	74.5	596
80 - 89	6	84.5	507
90 - 99	2	94.5	189

Mean = $\frac{23870}{1000}$
= 23.87 years old

b) 20 – 29 yrs age group.
c) 0 – 9 yrs old.

Section 6 — Probability and Statistics

Answers: P75 — P76

Q6 a)

Wage (£)	No. of Employees	Mid-Interval	Frequency × Mid-Interval
0 ≤ w < 5000	0	2,500	0
5000 ≤ w < 10000	29	7,500	217,500
10000 ≤ w < 15000	31	12,500	387,500
15000 ≤ w < 20000	16	17,500	280,000
20000 ≤ w < 25000	8	22,500	180,000
25000 ≤ w < 30000	5	27,500	137,500
30000 ≤ w < 35000	2	32,500	65,000
35000 ≤ w < 40000	2	37,500	75,000

Mean Wage = $\frac{1342500}{93}$

= £14,400 (nearest £100)

b) £10,000 to £15,000 class.
c) £10,000 to £15,000 class.

Q7 a)

Wage (£)	No. of Employees	Mid-Interval	Frequency × Mid-Interval
0 ≤ w < 5000	0	2,500	0
5000 ≤ w < 10000	2	7,500	15,000
10000 ≤ w < 15000	30	12,500	375,000
15000 ≤ w < 20000	28	17,500	490,000
20000 ≤ w < 25000	17	22,500	382,500
25000 ≤ w < 30000	10	27,500	275,000
30000 ≤ w < 35000	5	32,500	162,500
35000 ≤ w < 40000	4	37,500	150,000
40000 ≤ w < 45000	2	42,500	85,000
45000 ≤ w < 50000	2	47,500	95,000

Mean Wage = $\frac{2030000}{100}$

= £20,300

b) £15,000 to £20,000 class.
c) £10,000 to £15,000 class.

Page 76 — Scatter Graphs

Q1 a)

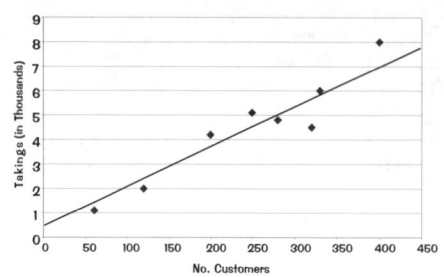

b) Strong positive correlation
c) Approx £4600-£4800
d) Approx 360-380

Q2 a) and b)

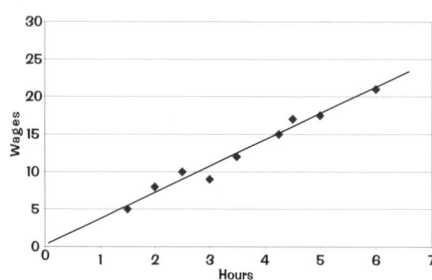

c) Approx £17-£19
d) Approx 4-4.5 hrs

Q3 a)

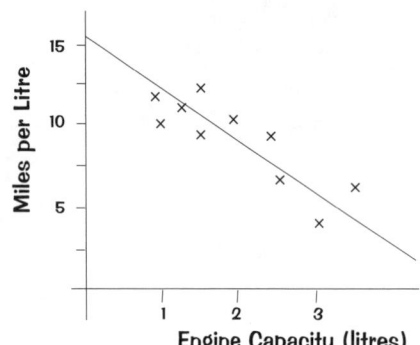

b) The number of miles a car can travel per litre of fuel decreases as the engine size increases. Negative correlation.
c) Approx 9-10 miles per litre